AF267864

ÉLOGE

DE

GUILLAUME DE LAMOIGNON

PREMIER PRÉSIDENT AU PARLEMENT DE PARIS

(1617-1677)

PRONONCÉ

A L'OUVERTURE DE LA CONFÉRENCE DES AVOCATS

le 22 novembre 1856

PAR

A. C. CHÉVRIER

Avocat à la Cour impériale,
Docteur en droit.

PARIS.

IMPRIMÉ PAR E. THUNOT ET Cⁱᵉ.

RUE RACINE, 26, PRÈS DE L'ODÉON.

1856

ÉLOGE

DE

GUILLAUME DE LAMOIGNON

PREMIER PRÉSIDENT AU PARLEMENT DE PARIS.

(1617-1677)

ÉLOGE

DE

GUILLAUME DE LAMOIGNON

PREMIER PRÉSIDENT AU PARLEMENT DE PARIS

(1617-1677)

PRONONCÉ

A L'OUVERTURE DE LA CONFÉRENCE DES AVOCATS

le 22 novembre 1856

PAR

A. C. CHÉVRIER

Avocat à la Cour impériale,
docteur en droit.

PARIS.

IMPRIMÉ PAR E. THUNOT ET Cie,

RUE RACINE, 26, PRÈS DE L'ODÉON.

1856

Messieurs et chers confrères,

S'il s'est rencontré dans l'histoire un homme, qui, par un merveilleux privilége, rassemblât tous les dons de la fortune, de l'intelligence et du cœur, ç'a été le magistrat illustre à qui nous rendons aujourd'hui un solennel hommage.

Le bonheur de sa naissance le fit paraître dans la plus belle partie du siècle incomparable où la France, avec une fécondité surprenante, produisit en foule des hommes supérieurs, dans tous les genres. Il sortit d'une famille noble, qui comptait déjà plus de quatre-vingts ans de services et de dignités judiciaires. Tour à tour conseiller, maître des requêtes, et premier président au parlement de Paris, il s'attira constamment l'admiration de ses collègues et les bénédictions du peuple. Dans le tumulte des discordes civiles, il demeura ferme et sensé. Aimé du roi, il paya ses faveurs par des conseils, et quelquefois par des censures. Il protégea les lettres et vécut familièrement avec les princes de nos orateurs et de nos poëtes. Il fit des honneurs et de la richesse un magnifique usage. Il n'eut jamais d'ennemis ; à peine compta-t-il des envieux. Heureux, enfin, au delà même du tombeau, il légua à sa patrie une postérité de magistrats intègres et de citoyens éclairés et magnanimes.

Puissé-je, dans la peinture que je vais essayer de sa vie et de son caractère, en reproduire fidèlement la grandeur et l'aménité ! Puissé-je ne point obscurcir outre mesure la gloire du héros par l'insuffisance de son panégyriste !

I.

GUILLAUME DE LAMOIGNON (1) naquit à Paris le 20 octobre 1617. Il était le dernier des six enfants de Chrétien de Lamoignon, conseiller au parlement, et de Marie de Lande. Chrétien n'avait encore eu qu'un fils, et il l'avait perdu en bas âge, quinze années auparavant ; aussi reçut-il la naissance inespérée d'un héritier de son nom avec les démonstrations d'une joie extraordinaire, que justifia l'avenir de cet enfant prédestiné.

---

(1) Marquis de Bâville, comte de Launay-Courson, baron de Saint-Yvon et de Boissy, premier président au parlement de Paris.—Il portait losangé d'argent et de sable, au franc quartier d'hermine.

Les Lamoignon appartenaient à la noblesse du Nivernais, d'où ils étaient originaires. Au temps de saint Louis et de Philippe le Bel, ils portaient les armes; et ils vécurent obscurément au fond de leur province jusqu'à Charles de Lamoignon, qui, le premier, quitta l'épée pour la robe, s'établit à Paris, acquit la seigneurie de Bâville, et fut considéré par ses descendants comme le fondateur de leur famille.

C'était dans le cours de ce grand siècle, où l'esprit humain se réveilla comme d'un sommeil pesant, sentit l'horreur de l'abîme d'ignorance où il était plongé, et se précipita avec enthousiasme vers les merveilles de la civilisation grecque et romaine; où la science du droit brisa les liens de la scolastique, et saisit le flambeau des lettres et de l'histoire; où les jurisconsultes réunirent autour de leur chaire un auditoire accouru de toutes les parties du monde chrétien, entrèrent dans les villes au milieu des acclamations populaires, et portèrent des coups terribles à l'empire de la force et de la barbarie. L'Italie avait donné le signal de la Renaissance; elle était encore le foyer des lumières. Poussé par le souffle irrésistible de son époque, Charles de Lamoignon passa les Alpes; il compta parmi les plus brillants disciples d'Alciat, et prit à Ferrare le bonnet de docteur. De retour en France, il débuta au barreau de Paris avec honneur, et fut remarqué par François Ier; il devint, sous

Henri II, conseiller à la table de marbre ; il fut ensuite maître des requêtes, conseiller d'État ; et lorsqu'une mort prématurée l'enleva en 1573, le roi Charles IX, qui l'avait visité plusieurs fois pendant sa maladie, témoigna qu'il « avait perdu un serviteur fidèle, et capable de remplir les premières charges de l'État, où son mérite l'aurait appelé. » Ses contemporains le jugeaient digne de recueillir l'héritage du chancelier de l'Hospital.

Au nombre des vingt enfants que Charles de Lamoignon laissa, il s'en trouva deux dont la postérité n'oubliera pas le nom. L'un, Pierre de Lamoignon, se distingua par l'étonnante précocité de son intelligence ; à quinze ans il publia deux poëmes, en grec et en latin, où il pleurait les malheurs de la France, que déchiraient alors les guerres de religion ; consumé par le travail, et peut-être par le génie, il mourut de vieillesse à vingt-quatre ans (1). L'autre, Chrétien de Lamoignon, père de Guillaume, étudia le droit à Bourges, sous Cujas. Conseiller au parlement de Paris, il ne se

---

(1) Théodore de Bèze composa en son honneur une épitaphe latine, qui contient des vers remarquables. Ainsi, la Mort dit à Lamoignon :

Testor numen, ait, juvenili in corpore cana
Tua me fefellit indoles...

Le jeune homme répond :

Tolle moras, inquit ; nam cui, juvenive senive,
Placet cœlum, sordet solum.

signala pas moins par la fermeté de son caractère que par son vaste savoir. Lorsque Richelieu fit condamner le maréchal de Marillac par une commission dans son château de Rueil, il osa solliciter ouvertement les juges contre l'accusation passionnée du cardinal. Néanmoins, il obtint, la même année, un siége de président à mortier, montrant ainsi comment l'intégrité reconnue d'un magistrat peut forcer l'estime, et même la faveur d'un ministre impérieux. Il avait épousé une femme digne de lui, Marie de Lande, qui vécut dans la pratique de la bienfaisance et dans une glorieuse humilité. En vain ordonna-t-elle, sur son lit de mort, que ses restes fussent cachés dans le cimetière d'un couvent ; ses bonnes œuvres, en quelque sorte, accoururent de toutes parts à ses funérailles ; les pauvres de la paroisse de Saint-Leu, dont elle avait été la providence, ne souffrirent point qu'on leur enlevât ces chères et précieuses reliques ; ils dérobèrent son cercueil pendant la nuit, et ils le déposèrent dans la sépulture de sa famille, où son fils lui consacra dans la suite un monument dû au ciseau de Girardon.

Tels sont, Messieurs, les souvenirs et les exemples qui environnèrent le berceau de Guillaume de Lamoignon. Ne pouvait-il pas, comme bien des fils dégénérés, s'abandonner à la douceur de jouir mollement du patrimoine de fortune et d'honneur que lui avaient transmis ses ancêtres? Mais non : il était marqué du sceau des âmes d'élite, qui ne se reposent jamais dans la poursuite ardente du bien idéal.

Tandis que Chrétien de Lamoignon se consacrait tout entier aux devoirs de sa charge, l'éducation du jeune Guillaume était laissée à un instituteur médiocre et à sa mère. Cette sainte femme cultivait avec amour les semences de vertu dont le ciel avait enrichi l'âme de son fils. Mais, peut-être, elle oubliait trop l'esprit au profit de l'âme; elle élevait son fils pour Dieu plutôt que pour le monde; elle songeait uniquement à son salut; et « elle n'avait pas lu, dit Baillet, dans l'Évangile ni dans l'Imitation, qu'il fallût être savant pour gagner le ciel. » Ainsi grandissait Guillaume de Lamoignon, au milieu des joies pures de la famille; et il se préparait à une belle vie par une enfance irréprochable. Lui-même a parlé de ses premières années avec une grâce touchante, dans des mémoires inédits, dont un petit nombre de fragments ont échappé à l'œuvre destructive du temps et des révolutions (1) : « Quand je songe, disait-il,

-----

(1) « Il (Guillaume de Lamoignon) avait composé des mémoires manuscrits sur les principaux événements de sa vie et de celle de son père; la plupart des autres membres de sa famille avaient suivi son exemple, et M. de Malesherbes possédait les dernières pages de ce précieux recueil, qui s'est perdu pendant la révolution. » Guérard, *la France bibliographique.*

au temps où j'ai goûté la douceur d'être auprès de mon père avec ma mère et mes sœurs, je ne trouve pas que j'aie jamais eu de joie en ma vie qui puisse entrer en comparaison avec celle-là... J'étais si fort attaché à mon père du fond de mon cœur, je l'aimais si passionnément que je n'avais besoin de consulter ni le respect, ni le devoir, ni autre chose que mon amour pour faire ce qu'il pouvait désirer... Je ne me souviens pas de lui avoir désobéi ou déplu, ou même d'avoir manqué à lui plaire en ce qui dépendait de moi (1). »

La maison de Chrétien était fréquentée par l'élite de la société de son temps. Chaque année, pendant les vacances du parlement, sa terre de Bâville était le rendez-vous de la cour et de la ville, de la robe et de l'épée. Au lieu du château que Chrétien lui-même fit bâtir plus tard, s'élevait une construction antique, laquelle ne brillait ni par la grandeur ni par l'élégance, et n'était guère, de l'aveu de ses maîtres, qu'une *petite chaumière*. Nos aïeux, moins exigeants sur les raffinements du bien-être que leur ingénieuse postérité, se pressaient à l'envi dans trois ou quatre chambres, où les lits se multipliaient

---

(1) Cité par Gaillard : *Vie de M. le premier président de Lamoignon*, *écrite d'après les mémoires du temps et les papiers de la famille*. Cette vie se trouve imprimée sans nom d'auteur en tête des Arrêtés de Lamoignon, édit. de 1783.

à raison du nombre des visiteurs ; et lorsqu'il fallait enfin que la maison se fermât devant une invasion toujours grossissante, ils cherchaient asile dans leurs grands carrosses et y passaient héroïquement la nuit. Mais combien de mauvaises nuits n'aurait pas compensées, même pour nous, l'inappréciable honneur d'approcher les contemporains les plus illustres de Descartes et de Corneille ! Ce fut dans les réunions de Bâville que le jeune Guillaume se forma aux grandes et belles manières qui rehaussèrent en lui la vertu du magistrat ; il apprit sans effort l'art de s'exprimer avec aisance et avec noblesse, en écoutant la conversation des courtisans ; et celle des savants lui inspira le goût de la science. Jérôme Bignon (1), homme d'un savoir prodigieux, qui avait écrit à dix ans sur la Chorographie de la Terre Sainte, devina ses heureuses dispositions, le dirigea dans ses études, et fut son maître et son ami.

Enflammé d'une généreuse émulation, Guillaume aspirait ardemment au jour où il paraîtrait à son tour dans la lice. Il entendait avec un frémissement d'impatience les récits que son père lui répétait souvent des affaires où les grands magistrats de son temps

____

(1) Né à Paris en 1589, mort en 1656 ; auteur du traité de l'*Excellence des rois et du royaume de France*; éditeur des *Marculfi monarchi formulæ*; en 1620, avocat général au grand conseil ; en 1642, grand-maître de la Bibliothèque du roi.

avaient conquis l'estime publique. « J'avais de l'in-
quiétude, a-t-il dit, de ce qu'il me semblait que je
perdais de si grandes et de si belles occasions, crai-
gnant de n'en pas rencontrer de semblables dans le
cours de ma vie. »

Son ambition fut promptement satisfaite : à dix-
huit ans, il entra au parlement de Paris avec le titre
de conseiller. Ce magistrat presque enfant n'appor-
tait pas, assurément, un riche trésor d'érudition, ni
surtout d'expérience. Mais du moins apportait-il un
esprit juste et docile, infatigable à l'étude et ouvert
à tous les genres d'instruction. Il négligea les diver-
tissements de son âge pour se livrer à des travaux
patients et sérieux ; il se rendit le droit familier sous
ses deux faces, en théorie et en pratique ; il chercha
dans les écrits des orateurs et des poëtes de l'anti-
quité les règles de la saine éloquence ; enfin, lorsqu'après neuf années il fut élevé aux fonctions de
maître des requêtes, il éclipsa tous ses collègues, et
compta parmi les lumières du parlement. Plusieurs
affaires importantes, qui donnèrent essor à son mérite, eurent à cette époque beaucoup de retentisse-
ment ; mais le souvenir en est aujourd'hui perdu, ou
ne s'en est que vaguement conservé dans les allusions
de Fléchier, son panégyriste. Qu'il suffise de rappeler un mot de Louis XIV, le plus bel éloge qu'un
maître des requêtes ait pu souhaiter : « Je n'entends

bien, disait le roi, que les affaires que M. de Lamoignon rapporte. »

Cependant, à côté des rares talents qui distinguent le bon magistrat, Lamoignon déployait les vertus plus rares encore qui constituent le bon citoyen. Il soutenait avec honneur l'épreuve décisive des troubles civils, où les caractères se dévoilent dans leur vérité ; où surgissent des passions et des vices qui sommeillent dans le cours des temps réguliers ; où le masque de l'hypocrisie tombe, s'il n'est tenu par la main d'un homme de génie, d'un Auguste ou d'un Cromwell.

Reportez-vous par la pensée, Messieurs, à cette époque d'agitation et de misère : représentez-vous la France épuisée par des guerres ruineuses et par de longues chertés, par des impôts arbitraires, qui enlevaient au contribuable les instruments de son travail, et par les concussions des fermiers, qui mettaient au pillage les deniers publics ; l'administration cauteleuse et méprisée de Mazarin, succédant au gouvernement cruel et redouté de Richelieu ; les priviléges des grands corps méconnus et menacés ; le parlement injurieusement traité comme un instrument aveugle, mais dangereux, qui, au premier jour, serait brisé ; des édits tyranniques, enregistrés par

force, dans des lits de justice; le despotisme abolis-
sant partout la liberté. Alors, les esprits, longtemps
assoupis, s'éveillèrent avec angoisse et secouèrent leur
torpeur. « On chercha, dit le cardinal de Retz , comme
à tâtons les lois, et on ne les trouva plus. » Le peuple
fermentait sourdement et semblait mûr pour la ré-
volte. Les événements placèrent la magistrature à la
tête du mouvement.

Lamoignon embrassa d'abord avec ardeur le parti
des mécontents. Tandis que les Mathieu Molé, les
Omer Talon agissaient sur le premier plan, il travaillait dans une sphère inférieure à l'œuvre du bien public. Il se trouva parmi les délégués qui portèrent au
parlement les protestations des maîtres des requêtes
contre deux édits nouveaux, dont l'un augmentait de
douze le nombre de leurs charges, et l'autre menaçait l'hérédité de toutes les charges de judicature. Il
s'engagea avec ses collègues à assurer un dédomma-
gement pécuniaire à celui d'entre eux qui, pour le
fait de la résistance commune, aurait encouru la
perte de ses gages ou même de sa charge; et il reçut
en dépôt l'écrit secret qui constatait leur conven-
tion.

Mais lorsqu'il s'aperçut que les intérêts particuliers
étouffaient l'intérêt général; que parmi les chefs, les uns
poursuivaient la vengeance d'une injure personnelle;
les autres, la gloire de grand conspirateur, et le triste

héroïsme des Catilina et des Fiesque ; d'autres, **enfin**, le seul plaisir de l'intrigue et du désordre ; que le parlement agissait au hasard, ou sous l'inspiration de quelques meneurs ambitieux, donnait audience à l'envoyé du roi d'Espagne, et descendait, du rôle de défenseur des lois et de la liberté, aux sentiments d'une corporation tremblant pour ses priviléges ; que le peuple se laissait emporter à des violences sans but et à de vaines clameurs ; que princes, généraux, magistrats, se trahissaient à l'envi et ourdissaient chacun un traité secret avec la cour : il s'arrêta, Messieurs. Il jugea que la soumission était le parti le plus sûr et le plus honorable. Il préféra la tyrannie d'un Mazarin au tumulte des factions intestines et à l'alliance oppressive de l'étranger. Il s'entremit entre les Frondeurs et la cour. Il exhorta ses concitoyens à la concorde et à la paix. Il décida, en 1652, les bourgeois de son quartier, dont il était colonel, à envoyer des députés au roi. Il contribua, enfin, à apaiser une rébellion dont les causes furent sérieuses, mais qui dégénéra promptement en désordres séditieux, et à laquelle il semble que la confusion des partis et la frivolité des chefs aient attaché un mépris indélébile.

La conversion politique de Lamoignon s'accomplit avec dignité et n'excita point de scandale. Ce fut une retraite et non pas une défection. Il ne changea point de parti ; il s'éleva au-dessus de tous les partis, et tous lui prodiguèrent d'éclatants témoignages de leur estime. Mazarinistes et Frondeurs accoururent lui confier des dépôts dont la valeur dépassa six millions. Mais, de tous les traits cités alors à sa louange, voici le plus mémorable : Le comte d'Ognon, partisan du prince de Condé, fit un traité avec la cour ; il promit la cession de son gouvernement d'Aunis, et celle des îles d'Oléron et de Rhé, moyennant une somme de 150,000 écus, et le bâton de maréchal. Mais tout à coup s'éleva une difficulté imprévue : ni l'une ni l'autre des parties contractantes ne pouvait se décider à faire le premier pas ; le comte tenait en suspicion la probité ultramontaine du cardinal, qui, de son côté, toujours occupé à méditer quelque ruse contre son prochain, craignait toujours, comme il est naturel, qu'on n'en méditât contre lui. Il fallût qu'un tiers loyal et désintéressé prêtât son entremise, et ce fut Lamoignon ; les 150,000 écus furent versés entre ses mains, et le comte d'Ognon se dessaisit de son gouvernement et de ses îles.

Le mérite incontesté de Lamoignon, et sa coopération active à la pacification du royaume, attirèrent sur lui l'attention de la cour. On lui offrit des intendances, des ambassades. Il accepta seulement la mission de représenter le roi aux États de Bretagne. Et peut-être serait-il toujours demeuré dans l'obscurité préférée de sa vie domestique, si le devoir d'une ambition légitime (devoir imposé au père de famille, aussi bien qu'au magistrat ayant conscience de sa valeur), ne l'avait obligé à passer le seuil des palais et à courtiser les puissances. L'histoire de sa nomination aux fonctions de premier président, nous enseigne, Messieurs, comment l'honnête homme sait devenir solliciteur sans perdre sa dignité, et aussi comment le mérite est, quelquefois, récompensé au delà de ses prétentions.

Les deux personnages les plus influents à la cour étaient alors, au-dessous du cardinal Mazarin, Letellier, chargé des ministères de la guerre et des affaires intérieures, et Fouquet, surintendant des finances et procureur général au parlement. Ces deux hommes, également ambitieux, s'acheminaient au même but par des voies opposées. Ils aspiraient l'un et l'autre à la succession du chancelier Séguier, et peut-être à celle du premier ministre. Mais tandis que l'un, brillant, prodigue, dissolu, étalait un luxe royal et des espérances illimitées, l'autre, doux et insinuant, conservait une modération politique, dissimulait ses avantages, et faisait mystère de son crédit; inutile d'ailleurs à ses amis, mais terrible à ses ennemis, au nombre desquels il rangeait tous les amis de son rival. Par quel coup de la fortune, ou par quel trait d'adresse, Lamoignon devint-il l'ami de deux ministres qui ne s'accordaient guère que dans une haine réciproque? Ce fut par la franchise, qui souvent est plus habile qu'une dissimulation laborieuse et savante. Lamoignon rechercha d'abord l'amitié de Letellier, et il l'obtint; Fouquet lui fit ensuite offrir la sienne, et il l'accepta. Mais, au lieu de cultiver secrètement chacune de ces deux liaisons, comme un esprit moins droit aurait sans doute été tenté de le faire, il déclara formellement à Fouquet sa liaison avec Letellier, à Letellier sa liaison avec Fouquet; et il conserva ses deux inconciliables protecteurs.

Vers cette époque, la mort du président Pompone de Bellièvre ouvrit à Lamoignon la perspective d'un prochain avancement. Il prétendait à un siége de président à mortier, et Letellier fit pour lui des démarches en ce sens. Mais Fouquet, sentant le mérite de son protégé, et désireux de compter un premier président parmi ses créatures, chargea Colbert de parler de Lamoignon à Mazarin comme de l'homme appelé par la voix publique à remplacer M. de Bellièvre. Le cardinal ne répondit pas. Mais, quelques jours après, comme Lamoignon venait lui-même le solliciter, « Ne me dites rien, interrompit le cardinal, je songe à vous plus que vous ne pensez. » Dans une seconde entrevue, il lui reprocha gracieusement

la rareté de ses visites à la cour ; « Faisons connaissance, » dit-il ; il l'interrogea sur ses goûts, ses liaisons, ses habitudes ; et il termina ainsi : « Voilà la
confession faite ; venons aux paroles sacramentelles :
Vous serez, de cette affaire-ci, ou président à mortier, ou premier président. Je dis plus, vous serez
premier président, et vous m'avez plus d'obligation
de la manière que de la chose ; car Dieu m'est té-
moin, ajouta-t-il, que si j'avais pu trouver un plus
homme de bien que vous pour remplir cette place,
je l'aurais choisi (1). » Enfin, lorsque Lamoignon
prit congé, le cardinal l'embrassa en disant : « Je
connais votre modération ; nous avons plus d'impatience que vous de vous voir premier président. »

Néanmoins, la promesse du cardinal tarda un peu à
se réaliser. Le roi partait pour la campagne de 1658,
et comme il avait donné une singulière importance
au choix du premier président, il voulait donner à
son installation une égale solennité (2). Aussi, Lamoignon reçut provisoirement le brevet de président
à mortier, et il ne fut nommé premier président qu'au
retour de la campagne. Il prêta serment en cette qua-
lité le 4 octobre 1658, aux applaudissements de la

---

(1) La *Biographie universelle* attribue à tort ces dernières paroles au
roi (v° Lamoignon, Guill.).

(2) Il refusa, dit-on, malgré le mauvais état de ses finances, 120,000 pis-
toles que lui offrit un des prétendants.

cour et du peuple, de ses collègues et même de ses concurrents.

Les grandes espérances du roi et du cardinal furent pleinement justifiées; elle le furent au delà, peut-être, de leurs secrets désirs. Lamoignon prêta le concours de son activité et de ses lumières au jeune roi, qui, pensant travailler à sa grandeur, travaillait alors à la grandeur de la France. Mais, en même temps, il ne faillit jamais aux devoirs étroits de sa charge; il poussa, dans une cour servile, l'intégrité jusqu'à l'indépendance; non-seulement il ne mit pas en pratique l'art des courtisans qui,

> Par de lâches adresses,
> Des princes malheureux nourrissent les faiblesses,
> Les poussent au penchant où leur cœur est enclin,

mais il résista en face au monarque adulé; il refusa de cacher ses fantaisies sous le manteau de la justice; il lui tint avec respect, mais avec fermeté, le langage des remontrances; et par l'ascendant d'une vertu supérieure, il demeura debout au milieu des disgrâces.

Dans cette dernière et glorieuse période de sa vie, Lamoignon rencontra deux occasions surtout qui firent briller la beauté de son caractère et de son intelligence; ce furent le procès de Fouquet et la Réformation de la justice.

Je n'ai point à m'arrêter, Messieurs, sur les circonstances de la chute de Fouquet. Vous savez le scandale de son ambition et de ses richesses, et la témérité, vraie ou fausse, de ses folles amours; les révélations officieuses de Colbert; les manœuvres et la longue dissimulation du roi qui conspira pendant cinq mois contre son ennemi, son rival, son ministre; la splendeur insolente des fêtes de Vaux; et soudain, comme un coup de foudre, l'arrestation du surintendant... La victime était saisie : restait à consommer le sacrifice.

Accusé de complot contre l'État et de malversations, Fouquet était innocent sur le premier chef; mais sur le second, il était manifestement coupable. Cependant les crimes de ce genre étaient autorisés par des exemples illustres, et devenus, pour ainsi dire, de droit commun sous les derniers ministères. En outre, l'administration de Fouquet avait été légère et désordonnée plus encore que frauduleuse et violente; et ses concussions avaient été accompagnées d'un si grand air de magnificence et de libéralité, qu'il semblait qu'elles lui eussent attaché plus de partisans que n'avait fait à d'autres ministres une probité irréprochable. Enfin, il avait occupé longtemps le siége de procureur général, qui conférait au titulaire le privilége d'être jugé par le parlement toutes chambres assemblées; il venait, il est vrai, de s'en défaire par le conseil in-

sidieux de Colbert, et même, dans son aveugle géné-
rosité, il en avait offert le prix au trésor royal ; mais
le parlement ne pouvait manquer de ressentir à son
égard une compassion respectueuse. Ainsi, la condamnation de Fouquet était seulement probable, et
elle ne pouvait être que douce. Mais le roi voulait
qu'elle fût et certaine et cruelle. Encouragé dans sa
haine par Colbert et par Letellier, il parut avoir moins
souci de la justice que soif de sa vengeance. Il livra
Fouquet à une commission (1).

La présidence de la commission fut confiée à Lamoignon. Cette nomination, que Fouquet devait con-
sidérer comme une dernière garantie contre la violence
et l'injustice, lui inspira d'abord de vives alarmes. Ef-
frayé de sa rupture récente avec le premier président,
il lui fit présenter ses excuses, et le pria d'oublier ses
torts. « Répondez-lui, dit Lamoignon, que je me
souviens seulement que je fus son ami et que je suis
son juge. » Fidèle à sa parole, il demeura également
inaccessible aux sollicitations des amis de l'accusé et
aux suggestions de ses terribles adversaires. Il prit
soin qu'il pût communiquer librement avec un conseil, que les lois en vigueur permettaient de lui refuser.
Il imposa silence à Colbert, qui cherchait à sonder ses

---

(1) La Chambre de Justice, qui devait instruire contre toutes les malversations commises depuis 1635.

dispositions secrètes, en lui répliquant : « Un juge ne dit son avis qu'une fois, et sur les fleurs de lys. » Au roi, enfin, qui lui reprochait sa tiédeur à hâter la conclusion du procès qu'il appelait *son affaire*, il répondit en lui offrant sa démission ; et comme le roi la refusait, il éleva la voix, et plaida chaleureusement la cause de l'impartialité, que met en péril le mépris des formes ordinaires de la justice. Hardiesse généreuse, mais qui, vous le pressentez, devait porter peu de fruit.

Bientôt après, le roi le manda de nouveau, et le pria de nommer rapporteurs MM. de Sainte-Hélène et d'Ormesson. C'étaient deux magistrats d'un mérite et d'une probité reconnus ; mais Fouquet, de son côté, avait prié Lamoignon de ne pas les choisir : et la pratique invariable du premier président était de ne nommer rapporteurs ni les magistrats demandés par les accusés ni ceux qu'ils avaient exclus. Il exposa donc au roi qu'il ne pouvait déférer à son désir. Le roi insiste. Lamoignon tient ferme. Le roi commande. Pensez-vous que l'intraitable magistrat se soit incliné devant l'ordre du souverain ? Non, Messieurs, il ne se rendit pas ; il demeura six jours en état de rébellion. Mais, à la fin, convaincu de l'inutilité de sa résistance, il céda ; et du moins put-il voir avec satisfaction M. d'Ormesson se signaler dans son rapport par un grand esprit d'équité.

Cette obstination d'impartialité devint, à la longue,

insupportable aux ennemis de Fouquet. Ils ne voulurent pas, toutefois, écarter Lamoignon : espérant, sans doute, que ce nom respecté couvrirait les vices de la procédure et la dureté de la condamnation. Ils imaginèrent de lui laisser une sorte de présidence honoraire, et de confier la présidence active au chancelier Séguier, dont ils auguraient une conduite plus complaisante. Mais Lamoignon ne se prêta pas à cette destitution déguisée. Dominé par le découragement et par le dégoût, il se retira sans bruit de la commission. En vain les ministres essayèrent-ils de le retenir; en vain lui offrirent-ils tantôt de partager la présidence sur le pied d'égalité avec le chancelier, tantôt de la reprendre sans partage : il demeura inflexible; et lorsque ses amis à leur tour tentèrent de le fléchir, il répondit simplement : « *Lavavi manus meas; quomodo inquinabo eas?* »

Le dénoûment de cette affaire célèbre vous est connu. Après une procédure irrégulière et violente qui dura trois années, la commission, rejetant, à la majorité de quatre voix, les conclusions sanglantes de Pussort et adoptant l'avis plus modéré de M. d'Ormesson, condamna Fouquet à l'exil et à la confiscation de ses biens. Cet arrêt fut accueilli avec joie par les derniers amis du surintendant, Pellisson, madame de Sévigné, Lafontaine, qu'avaient épouvantés la haine implacable du roi et l'acharnement de deux ministres. Mais peu s'en fallut qu'il ne soulevât l'indignation publique ; car, aux yeux du peuple, la persécution avait effacé le crime. Quant au roi, il commua l'exil en une prison perpétuelle. Ensuite, il distribua aux juges leur récompense : aux uns, les faveurs, les pensions et les places ; aux autres, la disgrâce, l'exil, et même d'insultantes railleries (1).

Ah ! la flatterie des courtisans et des poëtes a pu dresser presque des autels à Louis XIV, et l'adorer en demi-dieu ! comme si jamais l'homme dépouillait l'humanité ! Ce prince qui, par ses prospérités, sa magnificence, ses revers et son héroïsme, a mérité vraiment le nom de Grand, déshonora son règne par d'étonnantes faiblesses ; et l'immortel honneur de Lamoignon fut d'oser les combattre.

Mais heureusement, Messieurs, j'arrive à de nouveaux récits, où l'éloge du magistrat n'affaiblira pas la gloire du souverain.

Lorsqu'après la mort de Mazarin, Louis XIV saisit les rênes du gouvernement et rejeta fièrement la tutelle des premiers ministres, il conçut le dessein de réformer, non-seulement l'administration et les finances, mais encore les lois civiles et criminelles de

---

(1) Voyez Voltaire, *Siècle de Louis XIV*, ch. 25 ; Sismondi, *Histoire des Français*, t. XXV, p. 70-75 ; et les sources.

son royaume. Le titre de premier président au parlement et la renommée du savant jurisconsulte appelaient Lamoignon à la direction de cette grande œuvre
législative. Il présenta même au roi, dit-on, un projet
de réforme qui touchait aux points fondamentaux du
droit civil, et qui ramenait à une certaine unité les
règles divergentes des coutumes. Ainsi, grâce à lui,
la France aurait peut-être fait dès lors un grand pas
vers l'unité de législation. Mais combien, dans al vie
des peuples, les événements les plus graves ne sont-
ils pas souvent ou décidés, ou arrêtés par des causes
frivoles ! Deux ministres, Colbert et Letellier, voyaient
avec l'anxiété de l'envie la faveur croissante de Lamoignon. Letellier, qui connaissait son caractère
obligeant presque jusqu'à la faiblesse, alla le prier de
lui céder une occasion si belle de bien mériter de
l'État et du roi. Lamoignon y consentit de bonne
grâce, et lui recommanda seulement « de ne pas abandonner l'affaire à l'impétuosité de M. Colbert. » Les
deux ministres s'adjoignirent, avec l'agrément du roi,
le conseiller d'État Pussort, et ils lui confièrent suc-
cessivement la rédaction de l'ordonnance civile de
1667, et celle de l'ordonnance criminelle de 1670.

Ce Pussort, oncle de Colbert et sa créature, était
le même qui s'était signalé dans le procès de Fouquet par un zèle de sévérité que madame de Sévigné
qualifie *d'emportement et de rage;* et Lamoignon le dé-

peignait comme un homme « prévenu de son sens, emporté dans ses prétentions, et d'un naturel insociable et féroce. » Mais le plus grave défaut de Pussort, envisagé comme réformateur, c'était le manque d'étendue et d'élévation dans les idées. Aussi, la réforme de la législation française aboutit entre ses mains à une révision timide de la procédure civile et criminelle ; il raccourcit, comme l'en a loué Boileau, les griffes de la Chicane, qui, ajoute le poëte,

Se rallongent déjà , d'encre toujours noircies ;

et malgré d'utiles innovations, ses deux œuvres demeurèrent à une distance considérable des admirables ordonnances sur le commerce , sur la marine, sur les eaux et forêts, qui porteront plus loin dans les siècles la gloire de Louis XIV, que les frêles monuments de ses victoires.

Les réformateurs consultèrent quelques-uns des avocats les plus fameux de leur époque ; mais ils s'attachèrent à tenir le premier président à l'écart. Pussort sentait trop, vis-à-vis de lui, sa propre infériorité en rang et en mérite. Quant à Colbert et Letellier, Lamoignon lui-même, dans la peinture qu'il a faite de leurs caractères, nous a livré le secret de leur conduite. « Letellier, dit-il, n'aime que sa famille, et surtout sa personne ; et

il est si faible, que si son fils n'avait pas pris sur
lui l'ascendant qu'il a, on le verrait, sans aucun
chagrin, porter le portefeuille chez M. Colbert, qui
était, il n'y a pas trente ans, commis d'un de ses
commis. « Et Colbert, que pense de lui Lamoignon ?
Il reconnaît que « personne ne pourrait travailler
avec plus d'application, de fidélité et de capacité,
même avec plus de succès pour dégager les finances
du roi et pour y établir un ordre excellent. » Mais,
après avoir passé légèrement sur cet éloge, il ajoute,
non sans aigreur : « C'est un des esprits du monde
les plus difficiles pour ceux qui ne sont ni d'humeur
ni d'état à lui être entièrement soumis... Son humeur
et son habitude le portent à conduire toutes choses
despotiquement... Il croit devoir tout décider et tout
emporter par sa propre autorité, sans jamais se con-
certer avec ceux qui ont titre et caractère pour juger
des objets dont il s'agit. Au contraire, ce sont ceux-là
dont il est le plus éloigné de prendre conseil, parce
que ce serait comme un partage d'autorité qu'il ne
peut souffrir. Et la même disposition (continue cet
observateur pénétrant) le jette dans une autre extrémité qui paraît d'abord bien opposée, mais qui pro-
cède du même principe, et que j'ai retrouvée dans
plusieurs personnes du même caractère : c'est d'être
très-susceptible des différentes impressions que ses
valets et ceux qui sont entièrement soumis à ses

ordres lui veulent donner. » Confessons que le premier
président ne rendit pas pleine justice à Colbert ; soit
qu'il n'eût pas pénétré son génie, soit qu'une aver-
sion naturelle le dominât à son insu et qu'à ses yeux
l'homme effaçât le ministre (1).

Quand l'ordonnance civile fut entièrement rédigée,
Colbert, fidèle à son caractère, voulut la soustraire à
l'examen du parlement et la faire enregistrer dans un
lit de justice. Instruit de ce projet, injurieux pour la
magistrature et dangereux pour l'État, Lamoignon
résolut d'en prévenir l'exécution. Il demanda audience
au roi ; et feignant d'ignorer ce qu'il était censé ne
pas savoir, il le pressa de réaliser enfin la Réforme des lois. « M. Colbert, dit le roi, emploie
actuellement M. Pussort à ce travail ; voyez M. Colbert et concertez-vous ensemble. » Armé de cette ré-
ponse, Lamoignon déjoua facilement le complot de
Colbert. Les réformateurs qui, d'ailleurs, n'avaient
pas une foi absolue dans la perfection de leur ouvrage, lui communiquèrent le projet de l'ordonnance
civile ; ils le soumirent ensuite à une assemblée composée des membres du conseil d'État et des délégués

---

(1) Il paraît que Lamoignon eut plus d'une fois à se plaindre des pro-
cédés de Colbert et de Letellier à son égard ; c'est à ce propos qu'il disait
à son fils Chrétien : « Mon fils, ne nous vengeons jamais sur l'État des
chagrins que les ministres nous donnent. »

du parlement, et présidée par le chancelier. Trois ans plus tard, une assemblée pareille prit connaissance du projet de l'ordonnance criminelle et le discuta. Après ce double examen, la rédaction définitive des deux ordonnances fut arrêtée et le parlement les enregistra sans objection.

Dans ces conférences célèbres, dont les procès-verbaux ont été imprimés (1), Lamoignon tint constamment avec Pussort la tête de la discussion : l'un toujours sur la défensive, l'autre toujours prêt à l'attaque. Il y eu peu d'articles sur lesquels Lamoignon ne prît la parole ; tantôt il critiquait une rédaction obscure ou incorrecte, tantôt il relevait l'ignorance ou l'oubli des usages et des formes ; plus d'une fois, il se constitua défenseur de la liberté du citoyen et de sa dignité vis-à-vis de la justice sociale ; et, partout, il déploya un savoir immense qui embrassait et les principes les plus généraux du droit et les détails les plus subtils de la pratique des affaires, et que soutenait une simple et solide éloquence.

Je ne puis, Messieurs, ni choisir entre vingt discussions également belles, ni toutes les rapporter.

---

(1) *Procès-verbaux des conférences tenues par ordre du roi pour l'examen des articles de l'ordonnance civile du mois d'avril* 1667 *et de l'ordonnance criminelle du mois d'avril* 1670 ; nouvelle édition, revue, etc. Paris, 1757.

Vous les étudierez à loisir. Permettez-moi de vous rappeler ici un seul fait : c'est à Lamoignon qu'appartient l'honneur d'avoir obtenu la modification d'un article de l'ordonnance criminelle, lequel portait interdiction absolue à l'accusé d'emprunter l'assistance d'un conseil (1).

Telle fut la part glorieuse que Lamoignon prit à la Réformation de la justice. Il faillit, toutefois, y perdre un moment sa popularité ; voici dans quelles circonstance : La cinquième chambre du parlement, que Retz appelait *la cohue des enquêtes*, murmurait contre les projets de réforme, et menaçait de se porter à quelque démarche imprudente. La Cour vit poindre avec une joie maligne l'occasion d'anéantir l'importance, déjà si réduite, du parlement. Il est avéré que Lamoignon reçut des promesses d'argent avec la prière de laisser la cinquième chambre se compromettre, et, au besoin, de l'y pousser. Mais, qui pouvait attendre que le premier président entrât dans un complot contre sa compagnie? Il employa donc un zèle extraordinaire à modérer les mécontents et à guérir cet accès d'opposition intempestive. Mais il arriva qu'en

---

(1) *Procès-verbaux, Ordonn. crim.*, p. 162 et suiv. Voyez aussi, notamment, la discussion sur le serment de l'accusé avant l'interrogatoire, p. 153 ; — sur la multiplicité des peines contre les juges, *Ordonn. civ.*, p. 477, etc.

les défendant contre eux-mêmes, il leur parut conspirer contre eux avec la Cour. Tant il est difficile de servir l'intérêt des hommes au préjudice de leur passion, sans exciter leur haine ou éveiller leur défiance !

Et cependant, Lamoignon ne manquait pas d'habilité ; on le vit même conduire en diplomate émérite une affaire très-délicate. Il s'agissait de deux thèses soutenues en Sorbonne et mises à l'index, qui établissaient l'indépendance des lois au temporel. Le décret de condamnation sera-t-il publié en France? La Sorbonne s'agite ; le parlement s'inquiète ; le nonce réclame hautement les droits de l'Église. La querelle s'envenime, et entre des adversaires si irritables, elle menace de dégénérer en schisme. Lamoignon parvint à l'assoupir. Il adoucit la Sorbonne ; il rassura le parlement ; enfin, il sut éconduire le nonce si gracieusement que celui-ci déclara, en le quittant, « qu'il n'avait qu'à changer en remercîments les demandes qu'il était venu faire. » C'était battre l'Italien avec ses armes.

Captivé par ce mélange de droiture et de finesse, Louis XIV aima Lamoignon ; il l'admit dans ses conseils presque au même rang que Colbert ; il chercha souvent des lumières dans la contradiction habituelle de ces deux esprits éminents, mais opposés ; et quelquefois, il préféra l'avis du magistrat à celui du grand ministre. C'est ainsi que dans la crise financière de 1672, il adopta le système des emprunts, que blâmait Colbert, mais que Lamoignon recommandait comme plus léger pour le peuple qu'une aggravation des impôts.

Les idées de Lamoignon, en législation et en politique, étaient généreuses, mais prudentes. Il n'était pas du nombre de ces esprits ardents que Louis XIV appelaient *chimériques*, et dont l'erreur commune est de confondre l'ordre des temps, et de précipiter l'avénement d'une civilisation réservée à un avenir lointain. Lamoignon ne rêvait pas le renversement des institutions de son temps ; il en souhaitait l'amélioration : zélé partisan des réformes, ennemi déclaré des révolutions. Il voulait que la royauté demeurât forte, inviolable, mais qu'elle fût balancée par la surveillance et le contrôle d'un corps éclairé tel que le parlement, et par le contre-poids de la noblesse, investie de ses antiques priviléges. Il entendait que l'État et l'Église jouissent réciproquement d'une indépendance complète, dont il trouvait la garantie dans les appels comme d'abus ; et il renvoyait les laïcs et le clergé devant des juridictions distinctes. L'unité de législation lui paraissait désirable ; mais il pensait que la divergence des coutumes tenait à la différence des climats et des mœurs, et qu'elle devait, dans une certaine mesure, être respectée (1). Il sentait vivement, au reste, les défauts de la législation en vigueur, et il s'efforça d'y porter remède.

Sa famille a longtemps conservé des mémoires et des projets d'ordonnance qu'il composa pour le roi sur les commissions, sur le duel, sur les communautés religieuses, et sur d'autres sujets d'une égale importance. Mais son plus beau travail en ce genre, et le seul qui nous soit parvenu, ce sont ses ARRÊTÉS, que d'Aguesseau a loués comme « l'ouvrage le plus propre à former cette étendue et cette supériorité d'esprit avec laquelle on doit embrasser le droit français si l'on veut en posséder parfaitement les principes. »

Les Arrêtés de Lamoignon tiennent un rang à part entre les monuments de la jurisprudence française. On ne peut les comparer ni au traité général, où Domat pose en philosophe les premiers principes des lois civiles; ni à la série des traités spéciaux, où Pothier agite et résout en jurisconsulte tous les problèmes de la science du droit positif. Ce n'est ni un livre de controverse, ni un manuel de philosophie juridique. C'est une loi qui porte les caractères essentiels de la vitalité, et à laquelle rien ne manque, sinon le sceau de l'État.

---

(1) Voyez les *Procès-verbaux*, *passim*, et les *Arrêtés*.

A l'époque où Pussort s'occupait à reviser la procédure, Lamoignon poursuivait le dessein de corriger le fond même du droit civil. Il rassembla les membres les plus distingués du barreau (1), il leur communiqua le plan de son ouvrage, et leur en confia la préparation ; il contrôla par sa propre érudition le résultat de leurs recherches ; il discuta leurs vues de réforme, et leur proposa les siennes ; enfin, après un examen approfondi, il rédigea dans la forme d'une ordonnance les décisions *arrêtées* en commun.

Mais il n'entreprit, ni de composer un corps complet de droit civil, ni de créer un droit nouveau. Il fit un choix parmi les matières les plus importantes et les plus difficiles ; et il paraît avoir traité de préférence celles qui jettent le plus d'embarras dans la pratique des affaires. Quant à ses innovations, elles se cachent, en général, dans les détails ; elles n'attaquent pas ouvertement les institutions ni les mœurs ; elles sont ménagées avec une circonspection qui en promet la réussite.

Vous verrez donc sans surprise que l'auteur des Arrêtés n'a consacré aucun des cinquante titres de son ordonnance ni au mariage, ni à la théorie des obligations, ni à la vente, ni au louage, ni à mainte autre matière usuelle ou compliquée que nos yeux

---

(1) Entre autres, le vénérable Auzannet et Fourcroy.

cherchent tout de suite dans un code ou dans un traité de droit. Vous verrez encore sans surprise qu'il n'a pas abrogé en masse toutes les coutumes; qu'il s'est contenté d'y déroger quelquefois, et qu'il les a souvent maintenues en termes exprès; qu'il n'a aboli ni le droit d'aînesse, ni les substitutions, ni l'exclusion des bâtards dans la succession de leurs parents, ni l'incapacité des étrangers à recevoir et transmettre par donation entre-vifs et par succession légitime ou testamentaire, etc. Il y eut un seul point sur lequel Lamoignon sortit de sa réserve ordinaire. Grâces lui soient rendues! Dans un article qu'il place au frontispice des Arrêtés, il proclame l'abolition absolue du servage dans toute l'étendue du royaume... Mais il fallait que pendant plus d'un siècle encore, cette terre de franchise portât impatiemment les dernières traces de l'esclavage!

La part d'autorité législative que possédaient nos anciens parlements, permit à Lamoignon de purger la pratique judiciaire d'un usage qui la déshonorait. Ce fut sous sa présidence, et après les conclusions brillantes de son fils Chrétien, avocat général, que le parlement de Paris rendit son fameux arrêt du règlement du 16 février 1677. Jusqu'à cette époque, vous le savez, les juges avaient admis, dans les demandes en nullité de mariage, la preuve de l'impuissance sous la forme d'une odieuse et ridicule épreuve, laquelle, par un hasard étrange, avait originairement pris faveur dans les tribunaux ecclésiastiques.

II.

Il ne restait à Lamoignon qu'un pas à franchir pour atteindre au sommet de la magistrature. L'opinion publique, la faveur du roi, la jalousie de ses rivaux, tout l'y portait. Mais il déclina cette grande récompense, due à ses longs et glorieux services. Avec la modestie qui accompagne le vrai mérite, il appréhendait qu'une telle charge ne fût trop lourde pour ses forces : « C'est un titre de royauté, disait-il, mais le royaume est à conquérir. » Il pensait aussi que la place de premier président offrait plus de sûreté que celle de chancelier au chef d'une famille nombreuse. Enfin, il préférait à l'incessant labeur du gouvernement et à l'âpre jouissance des honneurs, les soins ordinaires de la justice, et les loisirs d'une vie studieuse et contemplative. Quittons avec lui, Messieurs, ces hautes régions de la politique, toujours troublées par les orages; suivons-le dans l'enceinte paisible de sa vie civile et domestique : à l'audience, sur son siége de président; dans son cabinet d'études, qui trahissait au premier regard le séjour du jurisconsulte et du littérateur ; au milieu d'une famille unie et prospère, qui l'environnait de sa tendresse et de sa vénération. Nous avons admiré le personnage ; apprenons à connaître l'homme et à l'aimer.

Il semblait que la nature eût voulu réaliser en Lamoignon le type du magistrat accompli.

Il avait l'âme grande et forte, charitable et tendre. Au sentiment délicat des devoirs et des convenances, il joignait l'intrépidité qui marche au bien en dépit des obstacles. Sa piété profonde était au dehors aimable et souriante. Son désintéressement est demeuré pendant sa vie, supérieur aux soupçons, et l'histoire a fait aisément justice de la seule calomnie qu'ait osé répandre contre lui, quarante ans après sa mort, un écrivain passionné (1). Jamais l'importunité d'un

---

(1) Le duc de Saint-Simon, dans ses mémoires, s'attache à décrier, avec sa morgue habituelle, M. *de* Lamoignon, qu'il assimile à « ces avocats renforcés qui, du barreau, où ils gagnaient leur vie il n'y a pas longtemps, sont devenus des magistrats considérables, et ont pris le *de*. » Il raconte l'anecdote suivante, qui lui paraît *historique et curieuse :*

Un gentilhomme, ancien frondeur, nommé Balthazar Fargues, vivait ignoré, en 1665, dans sa terre de Courson, près de Saint-Germain. Le roi et la reine mère ayant, par hasard, connu son existence, résolurent de le faire périr : ils eurent recours à Lamoignon. Celui-ci, *avide et bon courtisan, éplucha* la vie de Fargues ; il sut l'impliquer dans un meurtre commis pendant les troubles de la Fronde, et couvert par l'amnistie ; il le fit condamner à être décapité et à la confiscation de ses biens : il reçut

plaideur ne fatigua sa patience; et il ravissait tout les cœurs par le charme irrésistible de la douceur d'esprit et de la bonté qui sont, disait-il, « comme la fleur et l'agrément des autres vertus. »

Il avait l'intelligence naturellement vive et droite; mais il l'avait fortifiée et enrichie par des études assidues. La science du droit, il en avait exploré toutes les branches, pénétré tous les mystères. L'histoire des institutions et la morale, il en méditait journellement les rapports d'application et d'origine avec

---

en récompense la terre de Courson. (*Mémoires*, t. IV, p. 415 et suiv., édit. de 1829.)

Voici la vérité :

Balthazar Fargues ne fut jamais frondeur ; il était au service du roi pendant les troubles civils, et il ne le quitta qu'en 1657. Il fut accusé, en 1665, *de malversations commises au fait de la fourniture du pain de munition par lui faite pendant plusieurs années à la garnison de Hesdin.* Il fut jugé par une commission siégeant à Abbeville, composée de la sénéchaussée et siége présidial en cette ville, et présidée par Machaud, intendant d'Amiens. Il fut condamné *à être pendu, et à la confiscation de ses biens, distraction faite au profit du roi des sommes auxquelles se trouverait monter ce qu'il avait indûment pris ou volé,* etc. Après ce jugement (27 mars 1665), quatre seigneurs, de qui relevait la terre de Courson, et au nombre desquels se trouvait Lamoignon, élevèrent des prétentions sur ce domaine, et soutinrent que la confiscation devait leur acquérir les terres, biens et fiefs situés dans l'étendue de leurs justices. Mais le roi, voulant reconnaître les longs services du premier président, lui céda les droits que le jugement lui conférait ; et les trois autres seigneurs renoncèrent en sa faveur à leurs prétentions par une transaction en date du 23 janvier 1668. (*Journal des savants*, mai 1781.)

Lamoignon n'eut pas d'autre part à l'affaire Fargues, et c'est ainsi que la terre de Courson entra dans son patrimoine.

la science du droit. La littérature, il la cultivait avec passion, la considérant comme l'école des hautes pensées ; et toutes les beautés des poëtes anciens et modernes vivaient dans sa mémoire. Enfin, au témoignage de Baillet, ses connaissances étaient universelles.

Il avait l'extérieur noble et séduisant, et possédait, sans en être vain, ces avantages que méprise le philosophe, mais qui, aux yeux de la foule, annoncent le mérite, et en relèvent l'autorité (1). Il était né orateur. Son geste était simple, mais expressif ; sa voix harmonieuse, sa parole abondante, son éloquence insinuante et persuasive.

Mais pourquoi, Messieurs, ne pas l'entendre lui-même ? pourquoi ne pas lui demander à lui-même le portrait que j'essaye d'ébaucher ? Oui, que cette voix, si longtemps muette, se ranime aujourd'hui, et retentisse telle que jadis, à quelques pas de cette enceinte, dans les solennités du parlement. La main pieuse d'un ami ou d'un admirateur inconnus a sauvé de l'oubli quelques-unes de ses mercuriales, « éloquents et graves discours, dit Fléchier, qui enseignaient et

---

(1) Son portrait a été gravé par Nanteuil. On croit saisir dans son regard l'indice d'un certain penchant à la raillerie, qui, sans doute, ne dépassa jamais chez cet homme bienveillant les bornes de la gaieté gauloise.

qui inspiraient tous les ans la justice, et dans lesquels, formant l'idée d'un homme de bien, il se dé-
crivait sans y penser. »

Voici d'abord en quels termes Lamoignon exalte
la grandeur de sa profession : « Le caractère du
magistrat n'est pas, dit-il, une de ces qualités creuses
qui promettent beaucoup et qui donnent peu, qui ont
de la couleur et de l'éclat, mais qui ne sont qu'apparence et que montre... En effet, continue-t-il, que
pensez-vous que soit le magistrat qui s'acquitte de
son devoir? C'est un homme qui semble n'être né
que pour faire régner les lois, mais qui le fait bien
plus par la sainteté de ses actions que par l'autorité
de sa charge; la licence qui se serait défendue contre
la sévérité du commandement ne peut résister à la
douceur de son exemple; elle a honte de ne pas imi-
ter ce qu'elle admire, et de ne point obéir à une
personne qui ne persuade l'obéissance que par l'imitation de sa vertu. »

Etrange préjugé! Messieurs. Il y avait, dans ce
temps-là, des magistrats qui, avec les insignes de
leur charge, pensaient en revêtir les vertus, et qui
s'honoraient de leur robe, au lieu d'honorer leur robe
par leur mérite. Lamoignon les confond avec l'éner-
gie du bon sens : « Les grands emplois demandent
de grands artisans, mais ils ne les font pas tels qu'ils

les demandent... Ce n'est pas la pourpre ni l'hermine qui font l'excellent magistrat. » Et qu'est-ce donc? Écoutez : « C'est l'intégrité et le savoir; c'est l'amour de la vertu et le zèle de la justice; et ce sont là des qualités personnelles. On ne le loue pas parce que son caractère le rend arbitre de la fortune et de la vie des hommes, mais parce que sa vertu force chacun d'avouer que c'est assurer la fortune et la vie des hommes que de les confier en des mains si pures et si vigoureuses. »

L'orateur développe ensuite les différents devoirs du magistrat. C'est au barreau qu'il l'envoie se former dans sa jeunesse à la promptitude d'esprit et de parole, à la courtoisie et à la loyauté dans les discussions. Il lui prescrit de se livrer à des études consciencieuses et solides, mais sans jamais se surcharger l'esprit de connaissances indigestes. Il lui trace des règles étroites de conduite envers les plaideurs, envers le souverain et envers le peuple. « Le plaideur, dit-il, tout injuste et déraisonnable qu'il est dans ses prétentions, est un homme comme vous. Son importunité vous déplaît? Il n'est pas obligé de vous plaire; c'est un aveugle qui s'égare : redressez-le doucement; si la justice ne vous permet pas de le soulager, l'humanité vous ordonne de le plaindre... Mais, ajoute-t-il, en fuyant la rigueur, évitons l'extrémité opposée : une douceur molle et un désir immodéré de se faire

aimer peuvent causer de grands maux dans notre profession. » Vis-à-vis du souverain, Lamoignon commande
au magistrat de ne jamais sacrifier les lois aux ca-
prices du maître ; d'agir, s'il le faut, en serviteur non
du trône, mais de la justice; et il termine par ce sage
conseil : « La vérité ne sera pas faible et tremblante
dans votre bouche ; mais elle ne sera pas aussi superbe
et indiscrète ; vous trouverez ce tempérament si difficile et si rare entre une lâche complaisance et une
manifeste contradiction. » Enfin, vis-à-vis du peuple, il
veut que le magistrat s'en montre le soutien et non le
flatteur ; qu'il sache affronter les cris tumultueux de
la populace aussi courageusement que le visage ir-
rité du roi, et qu'il marche au-devant de la mort même
avec tranquillité, et, suivant son expression, « avec
cet air éclatant de grandeur qui accompagne une
âme intrépide. »

Voilà les seuls magistrats à qui Lamoignon dé-
cerne le nom de grands. Quant aux autres, « on ne
les appellera jamais, s'écrie-t-il, ni les pères du
peuple, ni les appuis du royaume ; ces titres magni-
fiques ne sont pas pour de petites âmes; ce ne sont
pas les ornements d'une naissance sans vertu, ni d'une
fortune sans mérite ; on ne peut ni les donner ni les
vendre. Ce sont les fruits du travail de chaque parti-
culier, mais qui ne viennent jamais que de je ne sais
quelle fleur d'intégrité et de sagesse, de fermeté et de

zèle du bien public, qui fait plus admirer la vertu et la personne de ceux qui les possèdent que leur pouvoir et leur dignité. »

Ces citations vous ont permis, Messieurs, d'apprécier Lamoignon comme écrivain, au moins dans le genre académique. Il en contracta plusieurs défauts, qui entachaient aussi l'éloquence judiciaire, et qui formaient comme une rouille de pédanterie dont le siècle avait peine à effacer les restes. Ses périodes étaient larges et sonores, mais parfois un peu vides; parfois ses expressions, délicates et ingénieuses, touchaient à la préciosité; et il n'évita que dans ses dernières années les métaphores de mauvais goût, et les citations hors de propos. Voici, par exemple un curieux passage que le parlement, en 1659, put entendre sans sourire dans un discours sérieux : « Nous avons cru, en cette rencontre, disait Lamoignon, qu'il fallait nous décharger du reproche qu'on pouvait nous faire, que nos robes étaient teintes du sang du peuple. Nous avons voulu témoigner que nous étions très-contents de l'ancienne couleur, de cette couleur innocente, faite avec le sang d'un petit poisson, qui servait de lustre et d'éclat aux robes des anciens magistrats; nous avons voulu témoigner que ces nouvelles richesses nous étaient suspectes, et que nous les considérions comme la source et l'origine de tous nos maux, et nous avons dit avec le satirique :

Peregrina ignotaque nobis
Ad scelus adque nefas, quodcumque est, purpura duxit (1).»

Le plus beau titre littéraire de Lamoignon, c'est le patronage éclairé qu'il accorda aux lettres. Les lettres, destinées à devenir bientôt les reines du monde, n'étaient encore que les servantes de la noblesse et de l'opulence, et le bel esprit qui hantait la maison d'un grand seigneur, était traité par lui presque avec la même supériorité hautaine et méprisante, que ses aïeux, dans un siècle barbare, montraient au bouffon nourri de leurs largesses. Lamoignon accueillit les écrivains en protecteur et non en maître. A leurs débuts, et dans le cours de leur épineuse carrière, il leur tendit une main secourable ; il leur prodigua ses encouragements, ses consolations ; il inspira même et dirigea leurs travaux. Il leur offrit son amitié ; il leur en octroya toutes les prérogatives.

Bourdaloue et Boileau, surtout, formèrent avec lui une liaison étroite. Il avait reconnu le génie de Boileau dans ses premières satires, et il le défendit dès

____

(1) *Bibliothèque impériale*, manuscrits, suppl. fr. 260 et 2512. — Ces deux recueils contiennent : 1° Six lettres autographes de Louis XIV au premier président ; 2° divers discours, mercuriales, etc., du premier président et de son fils l'avocat général. — Voyez les mercuriales du premier président, *passim*.

lors contre le préjugé qui discréditait ce genre, licen-
cieux en France par tradition. Ce fut lui qui plus tard,
après une aventure véritable, le défia de raconter en
vers épiques la querelle d'un chapitre au sujet d'un
lutrin ; et la France lui doit ainsi le roi des poëmes
héroï-comiques. Vous souvient-il de cet Ariste, de ce
héros conciliateur, qui apparaît au dénouement à
la guise du dieu d'Horace? Reconnaissez le premier
président, que le poëte a voulu célébrer sous une al-
légorie transparente.

Qui croira qu'au temps de Pascal et de Molière, l'u-
niversité de Paris ait présenté requête au parlement
de Paris pour faire empêcher l'enseignement de la
philosophie de Descartes! Lamoignon sauva sa compagnie du ridicule d'un second arrêt en faveur d'A-
ristote. Mais l'esprit satirique de Boileau et de ses
amis s'empara de cette affaire ; ils rédigèrent ensemble
l'arrêt burlesque « *Donné en la grand'chambre du Par-
nasse en faveur des maîtres ès arts, médecins et professeurs
de Stagyre , au pays des Chimères ,* » lequel « *bannit à
perpétuité la Raison des écoles de ladite université ; lui
fait défense d'y entrer, troubler ni inquiéter Aristote en la
possession et jouissance d'icelles, à peine d'être déclarée
janséniste et amie des nouveautés,* » etc. (1). On raconte
que la plaisanterie fut poussée plus loin. Le greffier

----

(1) Voyez les *OEuvres diverses* de Boileau.

Dongois, neveu de Boileau, glissa une copie de cet arrêt facétieux sur le bureau du premier président. Mais celui-ci, qui ne signait aucun acte sans le lire, s'aperçut de la fraude, et dit en souriant : « A d'autres !... Voilà un tour de Despréaux. »

A Bâville, Lamoignon exerçait la même hospitalité que Chrétien, son père ; mais il l'exerçait avec plus de magnificence. Il s'y voyait, sans cesse, assiégé d'hommages ; et tous ses visiteurs le quittaient avec un visage content, même les importuns. Mais heureux, lorsqu'il pouvait goûter, en compagnie de ses enfants et d'un petit nombre d'amis, les tranquilles plaisirs de la campagne ! Ses jours étaient partagés entre l'étude, la promenade et la conversation. Assis près de la source murmurante de Polycrène, au milieu des parfums que l'automne exhale des prairies et des bois, il redisait avec Boileau les vers immortels de Lucrèce et de Virgile ; il l'écoutait réciter les premiers chants de son *Lutrin*, ou sa belle épître sur les délices de Bâville (1). Il pénétrait avec Bourdaloue, dans les replis profonds du cœur humain, et y saisissait le jeu infini des passions, qui tantôt donnent des ailes, tantôt des chaînes à la volonté, sollicitée

---

(1) *Épître VI, adressée à Chrétien de Lamoignon, avocat général,* 1667.

vers le bien par un attrait mystérieux. Quelquefois,
il se retirait dans un ermitage voisin de son château ;
il s'y abandonnait solitairement à des méditations
pieuses , et il épanchait la tendresse mystique de son
âme dans des lettres adressées à l'une de ses filles ,
religieuse à la Visitation. Sa gravité n'était ni pé-
dante ni farouche , et il savait présider une table
joyeuse, comme une audience du parlement... Voyez,
autour de lui, sa famille assemblée en habits de fête ;
elle vient célébrer un mariage, une naissance, un
heureux anniversaire. Bâville ouvre discrètement ses
portes à de rares élus, magistrats , théologiens,
poëtes. Au rendez-vous accourent les Chansons et
Bacchus, chers à nos aïeux. Les soucis s'envolent;
la gaieté pétille ; plus d'un Caton au front sévère s'é-
chappe en saillies badines ; le satirique lance des cou-
plets railleurs à l'austère, à l'éloquent jésuite, qui menace de le prêcher, « ailleurs, sans doute, a dit
d'Alembert, que dans un sermon sur le pardon des
injures » (1).

Que manquait-il au bonheur de Lamoignon ? Il
jouissait de la tendresse d'une femme accomplie (2),

---

(1) Boileau, *Poésies diverses; Chanson à boire* :

Ah! que Bâville est aimable!...

(2) Marie Potier, fille de Nicolas Potier, seigneur d'Ocquerre, secrétaire
d'état; Lamoignon l'épousa en 1640 ; elle mourut en 1706.

qui avait été la compagne de sa jeunesse, qui l'était en son âge mûr, et qui l'allait être de sa vieillesse. Parmi ses filles, les unes avaient contracté de nobles ou de riches alliances, les autres avaient été appelées au cloître par une vocation sérieuse (1). Ses deux fils commençaient sous ses yeux une brillante carrière (2) : Chrétien, l'aîné, avocat général, continua plus tard, sur le siége de président à mortier, toutes les vertus de son père ; il eut pour fils un chancelier, Guillaume II de Lamoignon, et pour petit-fils un homme dont le nom seul égale les plus hauts titres, Lamoignon de Malesherbes. Nicolas, le plus jeune, connu sous le nom de Bâville (3), et alors conseiller au parlement, annonçait une vive intelligence et un caractère plein de vigueur.

Soudain, cette félicité, dont la perfection pouvait sembler étrange, se brisa ; ce fut comme un coup de tonnerre dans un ciel sans nuages. Vers la fin de l'année 1677, peu de temps après la reprise des travaux du parlement, Lamoignon fut atteint d'un mal subit, qui l'emporta en quatre jours. Il expira le 10 dé-

---

(1) Lamoignon eut cinq filles ; l'une d'elles épousa Achille III de Harlay, premier président au parlement de Paris en 1689.

(2) Il eut cinq fils ; mais deux seulement vécurent.

(3) Surnommé le roi du Languedoc. Il gouverna cette province pendant trente-trois ans, et y fit preuve d'une grande capacité ; mais il acquit une triste célébrité par la rigueur avec laquelle il traita les Protestants.

cembre, à l'âge de soixante ans. Sa mort fut telle qu'avait été sa vie, grande et sereine.

Ses cendres reçurent les honneurs réservés aux princes de la magistrature, et Fléchier prononça solennellement son éloge. Mais la douleur publique éclipsa la pompe de ses funérailles, et son plus bel éloge fut celui qui volait dans toutes les bouches (1).

Le peuple le pleura comme un bienfaiteur dont il avait ressenti la charité infatigable.

Le parlement le pleura comme un chef bien-aimé dont le savoir éclairait ses délibérations, et dont le courage et la vertu sauvegardaient ses derniers priviléges.

Le roi le regretta comme un conseiller fidèle, dont les censures même ne l'irritaient pas ; et quelques années plus tard, tous les esprits judicieux pensèrent avec tristesse que sa fermeté douce et imposante aurait sauvé peut-être et le roi et la France d'un édit impolitique et cruel.

Et nous, Messieurs, qui venons après deux siècles porter sur lui le jugement impartial de la postérité, ne placerons-nous pas son image parmi celles des grands hommes, dont la contemplation assidue pu-

---

(1) Voyez, sur la mort de Lamoignon, la seconde préface du *Lutrin*. C'est un des plus beaux morceaux que Boileau ait écrits en prose ; il est dicté par le cœur.

rifie l'âme et y nourrit un fécond enthousiasme? Assurément, Lamoignon n'appartient pas au petit nombre de ces hommes extraordinaires dont le passage a laissé dans l'histoire une trace lumineuse, et qui se sont élevés au-dessus de la foule de leurs semblables par l'héroïsme des actions sublimes, par la puissance d'un génie inventeur, ou par l'éclat foudroyant de l'éloquence. La grandeur de Lamoignon fut, pour ainsi dire, plus humaine. Ni ses talents ni ses vertus ne dépassèrent peut-être le niveau commun. Mais il eut le rare privilége de réunir presque tous les talents et toutes les vertus, lesquels, par une heureuse contrariété, se balançaient dans un juste équilibre, et sous l'empire d'une modération naturelle ou acquise, formaient cet ensemble harmonieux, qui est la perfection de la sagesse. La seule passion qui parût toujours prête à secouer le joug et à s'emporter au delà de ses limites, c'était l'amour de l'humanité ; et cette belle âme était environnée comme d'une auréole par la splendeur de la justice.

Tel est l'homme que les chefs de notre ordre ont voulu, cette année, proposer à notre admiration : non pas à cette admiration stérile qui s'exhale en paroles sonores, mais à une admiration sérieuse et salutaire, qui se manifeste par de bonnes ou par de grandes actions.

Approchez donc, vous qui aspirez à courir la voie de la magistrature : voie facile en apparence, mais en réalité, semée d'écueils ! venez vous former à l'imitation d'un des plus achevés modèles que la suite des siècles vous présente dans cette profession magnifique sur laquelle reposent le bonheur et la dignité des nations !

Et vous, qui consacrez vos talents et vos forces aux luttes pénibles du barreau, venez puiser, comme à leur source, le saint respect des lois, l'inflexible droiture d'esprit et d'âme, la fière indépendance, toutes les vertus dont la réunion prête à la robe de l'avocat vraiment digne de son titre une majesté plus éclatante que ne font souvent les insignes du pouvoir et des honneurs !

Et tous, quelle que soit la direction où doivent nous pousser les flots orageux de la vie, entrons, mes chers Confrères, dans la familiarité de ce magistrat immortel, qui a mérité, par-dessus tout autre éloge, celui d'avoir été UN GRAND HOMME DE BIEN.

Paris. — Imprimé par E. Thunot et Cᵉ, rue Racine,